KB064398

거울의 법칙

얽히고설킨 인생 문제를 풀어주는 마법의 법칙

거울의 법칙

노구치 요시노리 지음 | 김혜숙 옮김

나무한그루

| 차례 |

이 이야기는 실화이다.

다만 등장인물의 이름과 직업 등은

편의상 살짝 바꾸었음을 밝힌다.

올해 마흔한 살인 주부 아키야마 에이코에게는 고민이
하나 있었다.

그것은 바로 초등학교 5학년인 아들 유타가 학교에서 집
단 따돌림을 받고 있다는 것이었다.

그나마 다행인 것은 집단 따돌림이라고 해도 폭행까지는
당하지 않는 듯했다.

다만 친구들이 놀이에 끼워 주지 않았고 무슨 일이 생기
면 모두 유타의 탓으로 돌리는 일이 많았다.

"너 친구들한테 왕따 당하는 거 아냐?"

이렇게 물을 때면 유타는 사실이 아니라고 극구 우겼지

만, 항상 풀이 죽어 있는 아들의 모습을 볼 때마다 에이코는 가슴이 아팠다.

유타는 야구를 좋아한다.

하지만 친구들이 함께 놀아주지 않아서 학교에서 돌아오면 공원에 나가 혼자서 벽과 캐치볼을 했다.

2년쯤 전에는 유타도 친구들과 함께 학교 운동장에서 야구를 즐겼다.

그러던 어느 날, 에이코가 시장에서 돌아오다 초등학교 옆을 지날 때 운동장에서 시끄러운 소리가 들려왔다.

무슨 일인가 싶어서 운동장 안을 들여다보았더니 유타가 친구들에게 호되게 질책을 당하고 있었다.

아마도 유타가 무슨 실수를 저지른 모양이었다.

같은 팀 친구들은 야멸차게 유타를 비난했다.

"넌 운동신경이 너무 둔해!"

"너 때문에 3점이나 빼앗겼잖아!"

"지면 다 네 탓이야!"

에이코는 생각했다.

'그래, 분명 유타의 운동 실력이 뛰어나지는 않아. 하지만 유타에게도 나름대로 좋은 점이 있어. 한없이 착하고 마음씨가 고운 아이인데…….'

에이코는 유타가 그런 장점을 인정받지 못하는 것 같아 못내 안타깝기만 했다.

게다가 심한 말을 서슴지 않는 팀 친구들에게 자신의 아들이 웃는 얼굴로 사과하는 광경을 바라보는 일은 마냥 괴롭기만 했다.

그로부터 얼마 지나지 않아 유타는 아예 야구 시합에 끼지 못하게 되었다.

"너 같이 팀에 보탬이 안 되는 애는 끼워줄 수 없어." 라는 말까지 들었던 것이다.

유타는 야구 시합에 나가지 못하는 일이 못내 아쉬운 듯했다.

에이코에게 신경질 부리는 횟수가 눈에 띄게 많아진 것만 봐도 알 수 있었다.

하지만 유타는 절대로 괴롭다거나 쓸쓸하다는 말을 입 밖에 내지 않았다.

유타가 자신에게 마음을 열어 주지 않는다는 사실이 그 무엇보다도 에이코를 견디기 힘들게 만들었다.

유타는 여전히 "난 아무렇지도 않아요." 하고 우길 뿐이

었다.

에이코가 '친구와 잘 지내는 법'을 가르쳐 주려고 시도하면 "듣기 싫어요! 나 좀 내버려 두란 말이에요!" 하고 소리쳤다.

한번은 "전학 갈까?" 하고 말을 꺼내자 "그러면 정말로 엄말 평생 원망할 거니까 알아서 하세요!" 하고 대꾸했다.

에이코는 아들의 고민을 알면서도 아무 것도 해 주지 못하는 자신이 한심해서 자꾸만 무력감에 빠져들었다.

그러던 어느 날, 학교에서 오자마자 공원으로 나갔던 유타가 불쾌한 얼굴로 금방 되돌아왔다.

"무슨 일 있었니?" 하고 에이코가 물어도 유타는 "별 일 아니에요." 하며 가르쳐 주지 않았다.

그날 밤, 친하게 지내는 이웃집 아줌마한테서 전화가 걸려왔고, 그 한 통의 전화로 그날 일의 진상이 밝혀졌다.

"유타 엄마, 혹시 유타에게서 무슨 이야기 못 들었어요?"

"네? 아뇨, 아무 것도……."

"오늘 공원에서 우리 작은아이에게 그네를 태워주고 있었어요. 유타는 늘 그렇듯이 벽에 공을 던지며 놀고 있었고요. 그런데 갑자기 유타네 반 친구인 듯한 아이들이 일곱,

여덟 명 정도 몰려와서는 '우리 피구 놀이할 건데 거치적 거리니까 저리 비켜!' 하고 유타를 위협하지 뭐예요. 게다가 그 중 하나는 유타를 향해 공을 던지기까지 하더라고요. 그러자 유타는 바로 돌아갔어요. 전 그 자리에 있으면서도 두 손 놓고 바라보기만 했어요. 너무 미안하더라고요."

에이코는 너무나 기가 막혔다.

'그런 일이 있었으면서 나한테 숨기다니…….'

그렇게 심한 모욕을 당하고도 유타가 자신에게는 한 마디도 말해 주지 않았다는 사실이 에이코를 더욱 서글프게 했다.

그날은 새삼 유타를 다그쳐서 내막을 들을 기력도 생기지 않았다.

다음 날, 에이코는 한 사람에게 전화를 걸어 보기로 마음
먹었다.

그 사람은 바로 남편의 선배인 야구치 씨였다.

에이코는 야구치 씨와 한 번도 이야기를 나눠 본 적이 없
었다.

단지 일주일 전에 남편에게서 야구치 씨의 명함을 건네
받은 것이 전부였다.

야구치 씨는 남편이 고교시절에 다니던 검도 도장의 선
배였다.

남편과는 20년 정도 만나지 못했다가 최근에 길에서 우

연히 마주쳤다고 한다.

두 사람은 오랜만의 재회에 흥분해서 찻집에 들어가 두 시간 넘게 이야기를 나누며 회포를 푼 듯했다.

남편의 말로는, 야구치 씨는 지금 경영 컨설턴트로 일하고 있다고 한다.

또한 그는 심리학에도 조예가 깊어서 기업이나 개인의 문제를 속 시원히 풀어주는 재주가 있다고 했다.

그래서 남편이 유타의 일을 조금 내비쳤더니 "어쩌면 도움을 줄 수도 있을 것 같군." 하고 말하며 명함을 건네주었다고 한다.

그날 남편은 "당신이 직접 전화해 봐. 대충 이야기는 해 두었으니까." 하고 명함을 에이코에게 주었다.

"왜 내가 그런 모르는 사람한테까지 상담해야 하는데? 당신이 직접 말하면 되잖아."

"난 오히려 당신이 더 걱정 돼. 유타의 일로 줄곧 끙끙대고 있잖아. 그래서 그 일을 야구치 씨에게 상담했던 거야."

"그러니까 지금 나한테 문제가 있다는 거야? 내가 걱정하는 건 너무나 당연한 거지. 부모니까. 당신은 하루 종일 트럭만 타고 있으면 되니까 참 편하겠네. 실제로 유타를 기르는 건 나니까. 당신은 모든 걸 나한테 떠넘기고 함께 고민해 주지도 않잖아. 절대로 그 사람에게 상담 받는 일은 없을 거야. 어차피 그 사람도 당신처럼 자식 기르는 일은 하나도 모를 테니까."

그렇게 말하고 에이코는 그 명함을 테잉블 위에 던져 버리고 말았다.

그로부터 일주일이 지난 지금, 에이코는 완전히 풀이 죽어 지푸라기라도 잡고 싶은 심정이었다. 이웃집 아줌마에게 어제 들은 이야기 때문이었다.

'이제 더 이상 못 참겠어. 너무 힘들어. 누구라도 좋으니까 날 좀 도와달라고 메달려 봐야겠어.'

그런 마음이 들었을 때 불쑥 야구치 씨가 떠올랐다.

다행히 명함은 금방 찾을 수 있었다.

유타가 학교에 간 지 1시간 정도 지났을 때, 에이코는 마침내 마음을 정하고 야구치 씨에게 전화를 걸었다.

그때까지만 해도 그녀는 앞으로 일어날 사건을 상상조차 하지 못했다.

전화는 여직원이 받아서 야구치 씨에게 연결해 주었다.

에이코는 자신의 이름을 대기는 했지만 전화선을 타고 들려오는 야구치 씨의 목소리가 너무나 밝아서 '이런 고민거리를 상담해도 될까?' 하고 내심 후회스러웠다.

무슨 말부터 해야 할지 몰라 머뭇거리고 있는데 야구치 씨가 먼저 말을 걸어 주었다.

"혹시 아키야마 씨의 부인이십니까?"

"네……."

"아, 그렇습니까? 처음 뵙겠습니다."

"저기, 남편에게 무슨 말 못 들으셨나요?"

"네, 남편분에게서 사정 이야기를 조금 들었습니다. 아드님의 일로 고민이 많으시다고요……?"

"그 일을 좀 상담하고 싶은데요…….."

"지금 한 시간 정도 시간이 있으니까 괜찮으시다면 전화로 사연을 들려주시겠어요?"

에이코는 자신의 아들, 유타가 친구들과 잘 어울리지 못하고 따돌림 당하는 내용을 간단히 이야기했다.

그리고 전날 일어난 일도…….

대강의 사정을 들은 야구치 씨가 입을 열었다.

"그것 참 힘들겠군요. 부모로서 이만한 고통도 없을 겁니다."

그 한 마디에 에이코의 눈에서 눈물이 흘러내렸다.

에이코가 울기 시작한 것을 눈치 챈 야구치 씨는 에이코가 진정되기를 기다렸다가 말을 이었다.

"부인, 만약 부인이 진심으로 이 일을 해결하고 싶으시다면 돌파구가 열릴지도 모르겠습니다."

에이코는 '돌파구가 열린다.' 는 말이 믿기지 않았다.

자신이 몇 년 동안 고민했지만 풀지 못한 일이었기 때문이다.

그러나 한편으론 야구치 씨의 말이 사실이기를 바라는 마음도 있었다.

"만약 해결할 수만 있다면 무슨 일이든 할 게요. 진심이에요. 제가 뭘 어떻게 해야 하죠?"

"그럼 한번 방법을 찾아봅시다. 먼저 확실한 것은 지금 부인이 누군가 가까운 사람을 원망하고 있다는 사실입니다."

"네? 그게 무슨 말씀인가요?"

"이야기가 너무 비약되었죠? 먼저 논리적으로 차근차근 설명하고 나서 말씀드리는 게 가장 좋겠지만 그렇게 하자면 시간이 많이 걸립니다. 그런데 제가 지금 별로 여유가 없군요. 그래서 결론부터 말씀드리는 겁니다. 논리적으로 근거가 있는 말입니다. 나중에 참고할 만한 책을 추천해 드릴게요. 결론부터 말씀드리면, 부인의 소중한 아드님이 다른 친구들에게 따돌림을 당하고 있고, 그 일로 부인이 고민하게 된 까닭은, 부인이 누군가 감사해야 할 사람에게 감사하지 않고 그 사람을 원망하며 살고 있기 때문입니다."

"부인의 소중한 아드님이

다른 친구들에게

따돌림을 당하고 있고, 그 일로 부인이

고민하게 된 까닭은, 부인이 누군가

감사해야 할 사람에게 감사하지 않고

그 사람을 원망하며 살고 있기

때문입니다."

"아이가 따돌림 당하는 일이 저의 개인적인 일과 무슨 상관이 있죠? 왠지 종교적인 이야기처럼 들리네요."

"그렇게 생각하시는 것도 무리는 아니죠. 우리는 학교에서 눈에 보이는 것을 대상으로 한 물질과학을 중심으로 교육 받으며 자랐으니까요. 지금 제가 드리는 말씀은 심리학 분야에서는 꽤 오래 전에 발견된 법칙입니다. 옛날부터 종교라고 불리어 왔던 것과 내용이 비슷하다고 생각하면 이해하기 쉬울 거예요. 저 자신은 아무 종교도 갖고 있지 않지만요."

"그 심리학 이야기를 가르쳐 주세요."

"현실적으로 일어나는 일은 하나의 결과입니다. 결과에는 반드시 원인이 있고, 그 원인은 부인의 마음 속에 있습니다. 다시 말해 부인의 인생에 나타난 현실은 부인의 마음을 내비치는 거울이라고 생각해도 좋습니다. 예를 들어 거울을 보면서 '앗, 머리가 헝클어져 있군!' 이라든가 '아니, 오늘은 내 낯빛이 안 좋군.' 하고 깨닫게 됩니다. 거울이 없

"현실적으로 일어나는 일은

하나의 '결과' 입니다.

'결과' 에는 반드시 '원인' 이 있고,

그 원인은 부인의 마음속에 있습니다.

다시 말해 부인의 인생에 나타난 현실은

부인의 마음을 내비치는 거울이라고

생각해도 좋습니다."

으면 자신의 모습을 알아차릴 수 없죠. 인생을 거울이라고 생각해 보세요. 인생이라는 거울 덕분에 우리는 자신의 모습을 깨닫고 자신을 바꿀 계기를 얻게 되죠. 인생은 어디까지나 그 사람이 성장해가도록 이루어져 있답니다."

"제 고민은 저의 무엇을 내비치고 있는 걸까요?"

"부인에게 일어난 결과는 '나의 소중한 아들이 다른 친구들에게 따돌림을 당하고 있어서 고민' 이라는 것입니다. 이 결과를 바탕으로 생각할 수 있는 원인은 부인이 '소중하게 여겨야 할 누군가를 원망하고 있다.' 는 것입니다. 감사해야 할 사람, 그것도 아주 가까운 사람을 부인 자신이 원망하고 있지는 않습니까? 가까운 사람이라면, 가령 남편에 대해서는 어떤가요?"

"남편에겐 감사하고 있어요. 트럭 운전사로 일해 주는 덕분에 우리 가족이 편안하게 먹고 살 수 있으니까요."

"좋습니다. 그럼 남편을 소중하게 여기고 계신가요? 진심으로 남편을 존경하세요?"

에이코는 '존경'이라는 말을 들었을 때 가슴이 철렁했다. 에이코는 평소 남편을 어딘가 모르게 경멸하는 경향이 있었기 때문이다.

성격이 낙천적인 남편은 에이코에게 '사려 깊지 못한 사람'으로 보였다. 어떤 때에는 '교양이 없는 사람'으로도 느껴졌다.

에이코는 4년제 대학을 졸업했지만 남편은 고등학교 밖에 나오지 않았다. 그뿐만 아니라 남편은 말투가 거칠었고 책도 겨우 주간지 같은 것만 읽는 수준이었다.

독서가 취미인 에이코로서는 내심 유타가 '아빠를 닮지 말았으면' 하고 바랄 때가 많았다.

에이코는 그런 사실을 야구치 씨에게 솔직하게 털어놓았다.

"사람의 가치가 교양이나 지식, 사려 깊음으로 결정된다고 생각하시나요?"

"아뇨, 절대로 그렇지 않아요. 사람은 저마다 장점과 개성이 있다고 생각해요."

"그럼 왜 남편을 '교양이 없다'는 이유로 경멸하시나요?"

"음……! 제 안에 모순이 있군요."

"남편과의 관계는 어떤가요?"

"남편의 언동에 불쑥불쑥 화가 나요. 싸움으로 번질 때도 있어요."

"유타의 일로 남편과는 어떻습니까?"

"유타가 따돌림을 당하는 일에 대해서는 늘 푸념하듯 남편에게 이야기해요. 하지만 남편의 의견이나 충고는 받아들이기 힘들어서 정식으로 상의한 적은 없어요. 아마도 제게 남편은 가장 수용하기 어려운 유형일 거예요."

"역시 그렇군요. 또 한 가지 근본적인 원이이 있을 것 같습니다. 남편을 받아들이기 전에 아마도 그쪽을 먼저 해결해야 될 것 같네요."

"근본적인 원인이라고요?"

"네, 부인이 남편을 받아들이지 못하는 근본적인 원인을 찾을 필요가 있습니다. 혹시 부인의 친정 아버지께는 감사한 마음을 가지고 계신가요?"

"네? 아버지요? 그야 물론 감사하고 있지만……."

"혹시 아버지에 대해 '용서할 수 없다.' 는 원망이나 그런 감정을 가슴 속 어딘가에 품고 있지는 않습니까?"

'용서할 수 없다' 는 말이 에이코의 마음에 가시처럼 박혔다.

확실히 자신은 아버지를 용서하고 있지 않을지도 모른다

고 생각했다.

부모로서 공경하고 감사한 마음을 가지려고 했지만 아버지는 좀처럼 좋아할 수 없었다.

결혼하고 나서도 해마다 추석과 설날에는 가족들과 함께 친정 부모님을 찾아뵈러 갔지만 그때마다 아버지와는 겨우 두세 마디 인사만 나누면 그만이었다.

"솔직히 전 아버지를 용서하지 못하고 있어요. 앞으로도 아버지를 용서하는 건 어려울것 같고요."

"그렇군요. 아버지를 용서할 수 있을 것 같지 않군요. 그래도 한번 시도해 보시겠어요?"

"제 고민의 원인이 정말로 아버지나 남편과의 관계가 뒤틀린 데에서 비롯된 것일까요?"

"그건 해 보시면 알 거예요."

"그래요. 그럼 무엇을 어떻게 하면 되는지 알려 주세요."

"그럼 지금부터 가르쳐 드리는 일을 먼저 해 보세요. 아버지에 대해서 '용서할 수 없는' 기분을 종이에 실컷 써 갈겨 주세요. 분노의 감정이 담긴 문장도 상관없습니다. '바보' 라든가 '못난이' 라든가 '진절머리 나!' 라든가, 어떤 말도 좋아요. 구체적인 사건이 떠오르면 그 사건도 쓰고 '그때 나는 이런 기분이었다고!' 하는 말도 써 보세요. 원망이며 괴로움도 모두 문장으로 만들어 가차 없이 종이에 쏟아내세요. 써 내는 건 다름 아닌 부인의 기분입니다. 마음이 풀릴 때까지 그렇게 하세요. 그러다가 속이 후련해지거든 다시 전화하십시오. 휴대전화 번호도 가르쳐 드리겠습니다."

에이코는 그런다고 유타의 문제를 해결하는 데 과연 도움이 될까 하는 의구심이 들었다.

하지만 그것을 의심하며 아무 것도 하지 않기보다는 실낱같은 가능성이라도 있다면 한번 해 보자고 생각했다.

더구나 야구치 씨의 이야기에 뭔지 모를 이상한 설득력이 느껴졌기 때문이었다.

에이코는 전화를 끊자마자 종이 한 장을 꺼내서 아버지에 대한 생각을 떠오르는 대로 쓰기 시작했다.

에이코가 어릴 적에 아버지는 여러모로 잔소리가 심했다.

저녁식사 자리가 일방적인 설교 시간으로 바뀌는 일도 다반사였다.

또 아이들이 자신의 생각대로 되지 않으면 금방 큰소리로 야단치는, 그런 아버지였다.

'아빠 내 기분 따윈 알고 싶어 하지도 않아!' 하고 생각한 적도 많았다.

술만 마셨다 하면 일에 대한 불평을 늘어놓는 점도 싫었다.

그리고 건설회사에서 현장감독을 하던 아버지는 모래나 흙이 잔뜩 묻은 작업복 차림으로 돌아와 그대로 식사하는 일이 많았는데, 그 점도 마음에 들지 않았다.

에이코는 아버지에 대한 기분을 문장으로 써 내려갔다.

얼마나 지났을까?

문득 자신을 돌아보니 아버지에 대해서 '사람도 아냐!' 라든가 '부모로서 자격 미달이야!' 하고 상당히 과격한 말도 잔뜩 쓰고 있었다.

아주 오래전 사건도 생각났다.

에이코는 고교시절 같은 반 남학생과 일요일에 데이트를 한 적이 있었다.

그 남학생과 함께 걷는 모습을 우연히 목격한 아버지는 에이코를 꾸짖으며 어김없이 장황한 설교를 늘어놓았다.

부모님께 '여자 친구와 논다' 고 거짓말을 했는데, 아버지는 그 거짓말을 용서하기가 어려운 듯했다.

그때 아버지가 했던 말은 지금도 기억이 생생하다.

"부모에게 거짓말을 할 정도로 뒤가 켕기는 교제를 하고 있는 거냐? 넌 제대로 된 여자가 되기는 글렀구나!"

생각만 해도 분해서 눈물이 났다.

그 원통했던 마음도 글로 썼다.

"아빠 성격이 그러니까 거짓말을 하지! 자기한테 원인이 있는 줄은 모르고……. 더구나 제대로 된 여자가 되기는 글렀다니! 내가 그 말에 얼마나 상처를 받았는지 모를 거야. 아빠야말로 제대로 된 부모가 아냐! 그때부터 난 아빠에게 마음을 열지 않게 된 거라고. 자업자득이야!"

순간 뜨거운 눈물이 터져 나왔고, 쉽게 멈춰지지 않았다.

시간은 어느 새 정오를 넘어서고 있었다.

책상 앞에 앉은 지 두 시간 가까이 흘렀다

열 몇 장의 보고서 용지에 분노를 담은 문장이 빼곡하게 휘갈겨 있었다.

용서 없이 휘갈려 쓴 탓일까, 아니면 실컷 눈물을 쏟은 탓일까? 종이가 쌓인 만큼 에이코의 기분도 한결 가벼워졌다.

에이코는 오후 1시쯤 야구치 씨에게 전화를 걸었다.

"자신의 기분을 모두 썼습니까?"

"네, 전부 쏟아냈어요. 많이 울어서 그런지 마음이 조금 개운해졌네요."

"아버지를 용서할 각오는 되었습니까?"

"솔직히 말씀드리면 그런 각오까지 되어 있는지는 저도 잘 모르겠어요. 하지만 할 수 있는 일은 무엇이든 해 보려고요. 용서할 수 있는 일이라면 용서하고 이제는 좀 편해지고 싶어요."

"그럼 해 봅시다. 아버지를 용서하는 일은 다름이 아니라 부인 자신의 자유를 위해서 용서하는 겁니다. 종이를 준

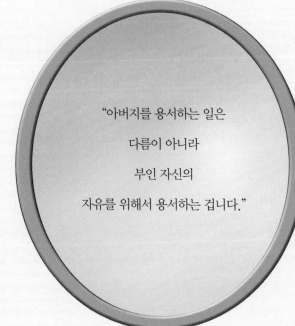

"아버지를 용서하는 일은

다름이 아니라

부인 자신의

자유를 위해서 용서하는 겁니다."

비해 주세요. 그리고 위쪽에 '아버지에게 감사할 수 있는 일' 이라는 제목을 써 주세요. 그런데 아버지에 대해서 감사할 수 있는 일이라고 하면 어떤 것이 있을까요?"

"그건, 먼저 힘든 일을 하면서 절 낳고 길러 준 것이겠죠. 아버지가 일을 나가 돈을 벌어다 주신 덕분에 우리 가족이 먹고 살 수 있었고, 저도 이만큼 자랄 수 있었으니까요."

"그것을 종이에 써 주세요. 다른 일은 없습니까?"

"음……. 제가 초등학교에 다닐 때는 자주 공원에 데리고 나가 놀아 주셨어요"

"그것도 써 주세요. 그리고 또 있나요?"

"대충 그 정도예요."

"그럼 다른 종이를 준비해서 '아버지에게 사과하고 싶은 일' 이라는 제목을 써 주세요. 아버지에게 사과하고 싶은 일은 뭐가 있을까?"

"특별히 떠오르지 않지만, 억지로라도 말해야 한다면 '마음속으로 계속 반발해 온 점' 이랄까요? 하지만 진심으로 용서를 빌고 싶은 마음은 아직 없어요."

"조금 어색하고 마음이 내키지 않아도 상관없습니다. 우선은 형식 쪽으로 들어갈 거니까요. 일단 지금 말씀하신 일을 모두 써 주세요."

"벌써 썼어요. 그나저나 형식 쪽으로 들어간다고 하셨는데, 제가 무엇을 하면 되는 거죠?"

"음, 지금부터는 용기가 필요합니다. 어쩌면 부인의 인생에서 가장 용기를 내야 할 상황인지도 모르겠어요. 제가 제안하는 일은 부인에게 가장 하기 싫은 행동일지도 모릅니다. 실행을 할지 말지는 스스로 판단해 주세요. 지금부터 아버지에게 전화를 걸어서 감사의 말과 사죄의 말을 전하세요. 가슴 속에서 그런 감정이 우러나지 않아도 좋습니다. 그냥 준비한 말을 전달하는 것만으로도 괜찮습니다. '아버지에게 감사할 수 있는 일' 과 '아버지에게 사과하고 싶은 일' 이라는 두 종이에 적은 내용을 읽어 드리기만 해도 좋아요. 전달하고 나서 바로 전화를 끊어 버려도 상관 없습니다. 한번 시도해 보시겠어요?"

"…… 확실히 지금까지 살아오면서 한 번도 경험하지 못한 큰 용기를 내지 않으면 안 되겠군요. 그래도 이것이 제 고민을 해결하는 데 도움이 된다면 그만한 용기를 낼 가치는 있다고 생각되네요.…… 하지만, 역시 어렵네요……."

"할지 말지는 스스로 결정해 주세요. 저도 평생에 한 번뿐인 용기를 낼 가치는 충분히 있다고 생각합니다. 그럼 저는 다음 일정이 있어서 이쯤에서 실례하겠습니다. 만약 실행하셨으면 연락 주세요. 그때 가서 다음 단계를 가르쳐 드리겠습니다."

에이코에게 그나마 위안이 된 것은 '형식만으로도 괜찮다'는 말이었다.

'사과한다'는 일에 대해서는 도무지 마음이 내키지 않았다.

잘못은 아버지가 했는데 사과는 왜 자신이 먼저 해야 하는지 정말 말도 안 된다고 생각했다.

하지만 종이에 써 놓은 문장을 국어책 읽듯이 전달하는 일쯤은 할 수 있을 것 같았다. 그 정도는 해도 손해 볼 것이 없어 보였다.

시간이 지날수록 점점 '전화를 걸어야겠다'는 마음이 생겼지만, 그럴수록 전화를 걸려고 하는 자신이 낯설게 느껴졌다.

이런 계기라도 없었다면 에이코가 아버지와 전화로 이야기하는 일은 죽을 때까지 없었을지도 모른다.

  결혼한 지 얼마 안 되었을 무렵에는 친정에 전화를 걸었을 때 아버지가 받으면 곧바로 "전데요, 엄마 좀 바꿔주세요." 하고 말했다.

  그러나 지금은 "전데요." 하는 말만 해도 아버지는 "이봐, 에이코한테서 전화 왔어." 하고 어머니를 불렀다.

  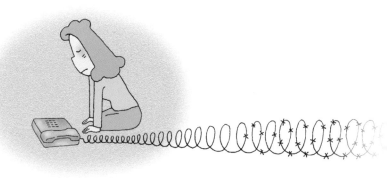

아버지도 '에이코가 자신에게 전화를 걸 리 없다'는 사실
을 잘 알았다.

하지만 오늘은 전화로 아버지와 이야기를 해야만 한다.

'망설이고 있다가는 점점 더 전화하기 어려워져.' 하고 생각한 에이코는 마음을 정하자마자 수화기를 들었다. 전화를 받은 것은 어머니였다.

"전데요."

"어머, 에이코잖아. 잘 지내니?"

"응, 그럭저럭. ……저기 엄마, 아빠 계셔?"

"어? 아빠? 너 아빠한테 할 말 있어서 전화한 거야?"

"으, 응. 조금."

"세상에 별일도 다 있구나. 근데 아빠한테 무슨 일이야?"

"어? 저기, 조금 이상한 이야기지만 설명하려면 상당히 복잡해. 아무튼 아빠 좀 바꿔줘요."

"알았어. 잠깐 기다려라."

아버지가 전화를 받을 때까지 몇 초 동안 에이코의 긴장
은 극도로 높아졌다.

에이코는 줄곧 아버지를 싫어했다.

지금껏 아버지에게 마음의 문을 꼭 걸어 잠그고 좀처럼
열어주려 하지 않았다. 그런 아버지에게 지금 감사의 말을
전하고 사과까지 해야 한다.

상식적으로는 절대 일어날 수 없는 일이었다.

그러나 유타의 일로 계속 시달려 온 에이코에겐 선택의
여지가 없었다. 고민이 심각한 만큼, 보통 때 같으면 상상
하기 어려운 행동을 할 수밖에 없게 된 것이다.

1퍼센트라도 그 고민에서 해방될 가능성이 있다면, 지푸
라기라도 잡고 싶기에 어떤 일이든 하리라.

그런 생각이 에이코를 부추겨서 행동하게 만들었다.

마침내 아버지가 전화를 받았다.

"무, 무슨 일이냐? 나한테 할 말 있다고?"

에이코는 자신이 무슨 말을 하고 있는지 모를 정도로 패닉 상태에 빠져 이야기를 시작했다.

"저기, 저, 지금까지 말하지 않았는데, 이제 말해 두는 편이 좋겠다 싶어서 전화했어요. ……음, 아버지, 현장일, 굉장히 힘들었을 거라 생각해요. 아버지가 늘 애쓰며 일해 주셔서 저도 이만큼 자랄 수 있었고요. 저기, 제가 어릴 적에 공원 같은 데도 데려가 줬잖아요. 뭐랄까, '고맙다'고 할까, 감사 비슷한 말을 한 번도 한 적이 없더라고요. 그래서 한 번은 제대로 말해 두고 싶어서……. 그리고 저, 마음속으로 무척이나 아버지에게 반발하고 있었거든요, 그것도 사과하고 싶어요."

분명하게 '고맙다'고는 말하지 못했다. '죄송하다'고도 하지 않았다.

하지만 일단 해야 할 말은 전달했다.

아버지의 답변을 듣고 나면 빨리 전화를 끊어야겠다고 생각했다. 그러나 아버지에게서는 아무런 대답이 없었다.

'뭔가 한 마디라도 해 주지 않으면 전화를 끊을 수 없잖아.' 그렇게 생각하고 있을 때 수화기에서 어머니의 목소리가 들려왔다.

"에이코! 너 지금 아버지에게 무슨 말을 한 거니?"

"왜요?"

"도대체 얼마나 심한 말을 한 거야? 네 아버지가 지금 쓰러져 울고 계시잖아!"

수화기 너머로 아버지가 오열하는 소리가 들려왔다.

순간 에이코는 충격으로 멍해졌다.

태어나서 지금까지 아버지가 우는 소리를 한 번도 들은 적이 없었다.

아버지는 늘 그렇게 강한 존재였다. 그런 아버지가 지금 흐느껴 우는 소리가 들려온다.

자신의 형식뿐인 감사 인사에 그토록 강했던 아버지가

오열하고 있는 것이다.

아버지의 흐느낌 소리에 에이코의 눈에서도 뜨거운 눈물이 흘러내렸다.

아버지는 나를 훨씬 더 사랑하고 싶었던 거야.

부녀다운 대화도 많이 나누고 싶으셨던 게 틀림없어.

하지만 나는 줄곧 아버지의 사랑을 거부해 왔지. 아버지는 분명 쓸쓸했던 거야.

직장에서 아무리 힘든 일이 있어도 전혀 내색하지 않았던 강인한 아버지가 지금 쓰러져 울고 있다.

나름대로의 방식으로 아무리 노력해도 딸에게 사랑을 전달할 수 없다는 사실에 아버지도 그만큼 괴로웠던 것이다.

에이코의 눈물도 오열로 바뀌어 갔다.

잠시 후 어머니의 목소리가 들려왔다.

"에이코! 이제 좀 진정하고 도대체 어찌 된 영문인지 엄마한테 설명 좀 해 줄래?"

'아버지는 나를 훨씬 더
사랑하고 싶었던 거야.
부녀다운 대화도 많이
나누고 싶으셨던 게 틀림없어.
하지만 나는 줄곧 아버지의 사랑을
거부해 왔지.
아버지는 분명 쓸쓸했던 거야.'

"엄마, 다시 한 번 아빠 좀 바꿔 줄래요?"

아버지가 전화를 받았다.

눈물로 목소리가 가늘게 떨리고 있었다.

"에이코, 미안하구나. 난 좋은 아빠가 아니었어. 네가 싫어하는 일만 한 것 같구나. 흑, 흑, 흑……."

또 다시 오열하는 소리가 들려왔다.

"아버지, 죄송해요. 저야말로 나쁜 딸이었어요. 죄송해요. 그리고 저를 길러 주셔서 감사해요. 흑, 흑, 흑……."

에이코의 목소리도 오열 속에 묻혀 버렸다.

조금 사이를 두고 다시 어머니가 말했다.

"정말 둘 사이에 무슨 일이 생긴 거야? 나중에 진정 되거든 찬찬히 설명해 주고, 일단 전화 끊자"

에이코는 전화를 끊고 나서도 한동안 멍하니 자리에 앉아 있었다.

20년 넘게 아버지를 미워했고, 줄곧 아버지를 용서하지 못했다.

늘 자신만 피해자라고 생각했다.

하지만 에이코는 아버지의 한 면에만 사로잡혀 다른 면을 바라보지 못했던 것이다.

아버지의 사랑, 아버지의 연약함, 아버지의 부족함……이런 것들이 눈에 띄지 않았다.

아버지의 마음은 얼마나 괴로웠을까? 나는 아버지의 마음을 얼마나 아프게 한 걸까?

여러 가지 일들이 꼬리에 꼬리를 물고 떠올랐다.

그리고 아버지에게 진심으로 감사하는 마음이 솟아나기 시작했다.

"우선은 형식만으로도 괜찮습니다. 마음은 나중에 따라붙을 테니까요."

이제서야 에이코는 야구치 씨가 했던 말뜻을 깨달을 수 있었다.

'앞으로 1시간 정도면 유타가 돌아오겠구나.'

그렇게 생각했을 때 전화벨이 울렸다.

전화를 건 사람은 야구치 씨였다.

"안녕하세요, 야구치입니다. 4, 50분 정도 시간이 생겨서 전화했습니다. 아까는 다음 일정이 있어서 이야기 도중에 전화를 끊은 것 같아서요."

"사실은 저, 오늘 아버지에게 전화를 걸었어요. 전화해서 정말로 좋았습니다. 감사합니다. 모두 야구치 씨 덕분이에요."

에이코는 야구치 씨에게 아버지와 어떤 이야기를 했는지 간단하게 설명했다.

"그랬습니까? 용기 있게 행동해서 잘됐군요."

"저에게 유타가 따돌림 당하는 일이 가장 큰 문제라고 생각했는데, 오랜 세월 아버지를 용서하지 못했던 일이 훨씬 큰 문제였어요. 유타의 문제 덕분에 아버지와 화해할 수 있었다고 생각하니 오히려 그 문제가 생겨서 감사하다는 생각이 들었어요."

"유타에 대한 고민을 그렇게까지 긍정적으로 받아들이게 되었군요. '필연의 법칙' 이라는 것이 있는데, 그것을 배우면 다음과 같은 사실을 알게 됩니다. 살아가면서 닥치는 모든 문제는 우리에게 뭔가 중요한 일을 깨닫게 하기 위해서 발생한답니다. 다시 말해 우연히 일어나는 게 아니라 일어나야 하기 때문에 필연적으로 일어난다는 것이죠. 그러니까 자신이 해결하지 못하는 문제는 절대로 생기지 않습니다. 나한테 일어나는 문제는 그것이 무엇이든 스스로 해결할 수 있어요. 사랑 어린 마음으로 적극적으로 임하면 나중에 반드시 '그 문제가 생겨서 잘됐어. 그 덕분에……' 하고 말할 만한 은혜를 입게 된답니다."

"정말 그럴 것 같아요. 하지만 아직 유타의 문제는 아무

"살아가면서 닥치는

모든 문제는 우리에게 뭔가 중요한

일을 깨닫게 하기 위해서 발생한답니다.

우연히 일어나는 게 아니라

일어나야 하기 때문에

필연적으로 일어나는 것이죠.

자신이 해결할 수 없는 문제는

절대로 생기지 않습니다."

것도 해결되지 않아서, 그 일을 생각하면 불안해져요."

"유타의 문제는 전혀 풀리지 않았다고 생각하시는군요. 하지만 어쩌면 해결을 향해 크게 한 걸음 앞으로 나갔을지도 모르죠. 마음의 세계는 이어져 있으니까요. 원인을 해결하면 결과는 자연스럽게 바뀔 수밖에 없어요."

"정말로 유타의 문제가 해결될까요?"

"그건 부인이 어떻게 하느냐에 달려 있습니다. 자, 이쯤 조금 정리를 해 볼까요? 부인이 유타의 일로 가장 힘들었던 점은 유타가 마음을 열어 주지 않는 것이었습니다. 부모로서 아무 것도 해 줄 수 없다는 사실이 한심하고 괴롭다고 말씀하셨죠? 그런 고통을 더 이상 맛보고 싶지 않다면서."

"네, 맞아요. 유타는 따돌림 당하는 일을 제게 의논하려들지 않았어요. 전 힘이 되어주고 싶은데 '내버려 둬요!' 하고 거부했죠. 그때마다 전 무력감을 느껴야 했어요. 아이가 얼마나 외로울지 뻔히 알면서 아무 것도 해 주지 못하는 부모의 심정은 정말 말로 다 표현할 수 없죠."

"정말로 가슴이 찢어질 듯 아플 거예요. 하지만 그 괴로움이 누가 맛보았던 괴로움인지, 이젠 아셨겠지요?"

"네? 누가라면⋯⋯."

그때 에이코의 머릿속에 아버지의 얼굴이 떠올랐다.

그렇구나!

이 견디기 힘든 아픔은 오랜 세월 동안 아버지가 맛보아 왔던 아픔이었구나!

딸이 마음을 열어 주지 않는 고통.

딸에게 거부 당하는 서글픔.

부모로서 아무 것도 해 주지 못하는 한심함⋯⋯.

나의 아픔과 똑같은 거야.

그런데 아버지는 이 아픔을 20년 이상이나 계속 맛보았단 말이지?

에이코의 뺨에서 눈물이 주르르 흘러내렸다.

"이제야 알았어요. 전 아버지와 같은 괴로움을 맛보고 있었던 거에요. 아버지도 이렇게 힘드셨군요. 아버지가 오열한 까닭을 이제야 헤아릴 수 있겠어요."

"인생에서 일어나는 문제는 우리에게 뭔가 중요한 사실을 깨닫게 하기 위해서 발생합니다."

"새삼 아버지의 고통을 알았어요. 이게 다 유타 덕분이에요. 유타가 제게 마음을 열어 주지 않은 덕분에……."

"아드님도 아버지도 부인도 마음속 깊은 곳에서는 서로 이어져 있습니다. 그래서 아버지에 대한 부인의 모습을 유타가 거울처럼 연기해 준 거예요. 덕분에 부인은 깨달을 수 있었고요."

"유타에게도 감사하고 싶어요. '중요한 일을 알게 해 주어서 고마운' 마음뿐입니다. 지금까지 '왜 엄마에게 이야기해 주지 않니?' 하고 마음속으로 유타를 원망하고 있었어요."

"이제 유타의 기분도 이해하시겠어요?"

"알 것 같아요! 전 어릴 적에 툭하면 잔소리를 늘어놓는 아버지가 미웠어요. 무슨 일에나 참견하려 드는 것이 싫었

"아드님도 아버지도 부인도

마음속 깊은 곳에서는

서로 이어져 있습니다.

그래서 아버지에 대한 부인의 모습을

유타가 거울처럼 연기해 준 거죠."

죠. 지금 생각해 보면 그것도 다 아버지의 애정에서 나온 행동이었을 텐데, 그 당시에는 그것조차도 부담스러웠어요. 지금 유타도 똑같은 심정일 거라 생각해요. 저의 강요하는 듯한 애정이 부담스러웠을 거예요."

"부인은 어릴 적에 아버지가 어떤 부모였으면 좋겠다고 생각했습니까?"

"저를 믿어 주시길 바랐어요. '에이코라면 괜찮아!' 하고 맡겨두셨으면 했죠……. 전 유타를 믿지 않았던 것 같아요. '내가 돌봐주지 않으면 이 아이는 문제를 해결하지 못해.' 하고 생각했죠. 그래서 이것저것 캐묻고, 설교하고……. 이제는 좀 더 유타를 믿어 주고 싶어요."

"부인은 이제 아버지의 고통도, 유타의 어려움도 이해하셨군요. 그러면 이제는 남편과의 문제로 옮겨가도록 하죠. 아침에 전화를 드렸을 때 제가 '부인의 소중한 유타가 다른 사람에게 따돌림을 당하는 까닭은 부인이 가까운 누군가를 원망하며 살고 있기 때문'이라고 말씀드린 것을 기억하시나요?"

"네, 기억해요. 제가 남편을 존경할 수 없다는 이야기를 했지요."

"그러면 다시 한 번 남편에 대해 어떤 식으로 느끼고 있는지 말씀해 주시겠어요?"

"아무래도 남편에 대해서 '교양이 없는 사람'이라든가

'사려가 깊지 못한 사람' 이라는 식으로 보게 돼요. 유타의 일만 해도 제가 이토록 고민하고 있는데 아무런 근거 없이 너무 낙관적이에요. 그래서 남편에게는 사소한 불만 정도는 털어놓지만 제대로 의논하거나 하지는 않아요. 남편의 의견도 받아들일 수 없고요."

여기까지 말하면서 에이코는 자신이 지금까지 남편을 대하는 태도가 아버지에게 취해 왔던 태도와 비슷하다는 사실을 깨달았다.

"전 아버지에게도 그랬어요!"

"바로 그겁니다. 여자들의 경우 아버지에게 취해 온 태도가 남편에 대한 태도에 투영되는 일이 많아요. 그런데 이야기를 들어보니 남편은 유타를 믿고 계시는 것 같군요."

"맞아요! 남편의 그런 점을 본받아야 했어요. 유타는 남편에겐 속마음을 꽤 많이 털어놓는 것 같았어요. 유타는 아빠가 자신을 믿어준다고 생각했기 때문에 남편에게는 마음을 터놓았던 것 같아요. 전 이런 남편의 좋은 점을 전혀 보

지 못했어요."

"정말 그렇게 느끼셨나요? 자, 그럼 숙제를 내 드리겠습니다. 실천을 할지 말지는 스스로 결정해 주세요. 오늘 오후에 '아버지에게 감사할 수 있는 일' 과 '아버지에게 사과하고 싶은 일' 이라는 두 종류의 종이를 만드셨지요? 그 종이에 다시 한 번 아버지에게 감사할 수 있는 일과 사과하고 싶은 일을 떠오르는 대로 모두 적어 보세요. 종이는 몇 장을 써도 좋습니다.

그 일이 끝나면 종이를 또 한 장 준비해 주세요. 그 종이의 제목은 '아버지에게 어떤 마음으로 대했더라면 좋았을까?' 입니다. 이것은 지난 날 아버지와의 관계를 후회하기 위해서 쓰는 것이 아닙니다. 앞으로 남편과 어떻게 지내야 할지 그 힌트를 발견할 수 있을 겁니다.

그리고 또 한 가지, 유타가 잠들거든 유타의 자는 얼굴을 바라보면서 마음속으로 유타에게 '고마워' 를 100번 이상 속삭여 주세요. 어때요? 해 보시겠어요?"

"네, 꼭 해 볼게요."

전화를 끊고 얼마 지나지 않아 유타가 돌아왔다.

유타는 현관을 들어서기가 무섭게 책가방을 벗어던지고는 여느 때와 마찬가지로 글러브와 공을 들고 공원으로 향했다.

'어제 친구들에게 그렇게 쫓겨나고도 쟤는 또 공원에 가고 싶나?'

에이코의 마음은 근심으로 가득 찼다.

하지만 에이코는 그런 걱정스러운 마음을 애써 누르고 숙제에 몰두했다.

아버지에 대해서 감사할 수 있는 일이 잔뜩 떠올랐다.

아버지에게 감사할 수 있는 일

- 현장감독이라는 힘든 일을 계속하여 가족을 부양해 주었다.
- 어릴 적에 나는 한밤중에 고열로 시달린 적이 여러 번

있었는데, 그때마다 자동차로 병원 응급실까지 데리고 가 주었다(육체노동을 하시던 아버지에게 한밤중은 매우 고단한 시간이었을 것이다).

- 내가 어릴 적에 자주 바다나 강으로 데려가 수영을 가르쳐 주었다.

- 어릴 적에 나는 멜론을 무척 좋아했는데, 해마다 내 생일에는 멜론을 사들고 오셨다.

- 어릴 적에 이웃집 아이가 나를 괴롭힌 적이 있었는데, 그 아이의 집에 찾아가 항의해 주었다.

- 내가 사립학교에 들어갔을 때 아무 말 없이 학비를 내주었다(당시 우리 집 형편으로는 큰 부담이었을 것이다).

- 내 취직자리가 결정되었을 때 초밥을 주문해 주었다(매우 비싼 초밥이었다. 그때 나는 '초밥 따윈 좋아하지 않아요!' 하고 말하며 먹어보지도 않았다. 아버지는 무척 낙담했다).

- '당신에게 무슨 일이 일어났을 때를 위해서' 라며 우리 형제 한 사람 한 사람 앞으로 통장을 만들고 매달 얼마

안 되는 금액이지만 저축을 해 주었다(그 돈을 아버지는 결혼식 전날 나에게 건네주려고 했으나 나는 "들고 다니려면 귀찮으니까 온라인으로 입금해 주세요." 하며 그 자리에서 받지 않았다).

'감사하고 싶은 일'에 이어 '사과하고 싶은 일'도 생각나기 시작했다. '감사하고 싶은 일'과 '사과하고 싶은 일'을 쓰면서 눈물이 쉴 새 없이 흘러내렸다.

'난 이렇게나 사랑받고 있었어. 아버진 반항하는 나를 계속 사랑하고 계셨던 거야. 용서할 수 없다는 마음에 사로잡혀 있어서 그런 사랑을 미처 깨닫지 못했어. 그리고 이렇게나 사랑을 받았으면서 나는 아버지에게 아무 것도 해 드린 게 없구나. 효도다운 일을 하나도 하지 못 했어."

자신이 아버지의 직업을 못마땅하게 여겼다는 점도 깨닫게 되었다. 아버지의 현장감독 일에 대하여 '품위가 없다.' 든가 '지적이지 않다.'고 생각했다.

아버지가 그런 고된 일을 계속해 준 덕분에 자신은 대학까지 들어갔으면서 말이다.

그런 사실을 처음으로 깨닫게 되자 아버지의 직업에 대한 존경심과 감사의 마음도 생겨났다.

그리고 남편의 일에 대하여 '지적이지 않다' 는 이미지와 '교양이 없다' 는 식의 혐오스러운 생각은 에이코가 평소 아버지에게 품었던 이미지와 같은 것이었다.

'나는 남편에게도 감사해야 할 일이 많을 거야…….'

에이코는 이제 '아버지에게 어떤 마음으로 대했더라면 좋았을까?' 하는 제목의 종이를 준비했다.

이 제목에 대해서는 바로 문장이 떠올랐다.

'아버지에게 어떤 마음으로 대했더라면 좋았을까?'

• 아버지의 말과 행동에 숨어 있는 애정을 깨달을 것. 내가 불완전한 사람이듯이 아버지도 불완전하여 실수할 수 있는 사람임을 이해할 것.

• '해 주시는 일'에 감사할 것.

• 사랑을 받으려고만 하지 말고 먼저 사랑할 것(아버지를 기쁘게 해 드릴 것).

• 그러는 가운데 싫은 일은 싫다고 말해 서로에게 스스
  럼없는 관계를 구축할 것.

이것은 또한 앞으로 남편을 대할 때도 명심해야 할 사항
이라고 생각했다.

가족을 위해 열심히 일하는 남편.

내 인생의 동반자로 항상 곁에 있어 주는 남편.

나는 남편에게 감사하는 일을 잊고 살았다.

남편을 이렇게 진실한 마음으로 대하기는 아마도 처음인
듯하다. 이것은 아버지에게 감사하게 된 일과 관계가 있을
지도 모른다.

오늘은 남편에게 감사의 인사를 건네 보리라.

'가족을 위해

열심히 일하는 남편.

내 인생의 동반자로

항상 곁에 있어 주는 남편.

나는 남편에게 감사하는

일을 잊고 살았다.'

그런저런 생각을 하는 동안 어느새 바깥이 어둑어둑해지고 있었다. 돌아보니 오늘은 집안 일을 거의 하지 못했다. 아침 9시쯤 야구치 씨에게 전화를 걸고 나서 하루 종일 자신과 마주앉아 있었다.

'어머나, 내 정신 좀 봐. 저녁 차려야 하는데……'

그렇게 생각했을 때 유타가 공원에서 돌아왔다.

"엄마, 엄마!! 내 말 좀 들어 봐요!"

"무슨 일이니? 뭐 좋은 일이라도 있어?"

"오오키라는 애 알죠? 사실은 어제 오오키가 공원에서 저한테 공을 던졌거든요."

"어? 어…, 그랬니? 오오킨 널 가장 괴롭히는 애였지?"

"아까 공원에서 돌아오려는데 오오키가 공원으로 왔거든요. 그런데 나한테 '그동안 널 못살게 굴어서 미안해' 하고 말하는 거 있죠!"

"그랬구나! 그런 일이 있었구나!"

에이코는 마치 기적이라도 체험하고 있는 듯한 기분이 들었다.

'이 일은 내가 아버지와 진심으로 화해한 일과 관계가 있는 것이 틀림없어.' 하는 생각이 들었다.

에이코는 저녁 준비보다 유타와 좀 더 이야기를 나누어야겠다는 생각에 식사를 배달시켰다.

음식이 올 때까지 에이코는 유타에게 다음과 같은 말을 전했다.

"지금까지 엄마가 너의 일을 지나치게 간섭해서 미안하구나. 앞으로는 가능한 한 잔소리를 하지 않도록 주의할게. 그리고 엄마의 도움이 필요할 땐 언제든 망설이지 말고 이야기하렴. 엄만 널 믿는단다."

유타는 정말 기쁜 얼굴로 "알았어요. 고마워요." 하고 대답했다.

역시 유타는 엄마에게 인정받고 싶었던 것이다.

"오늘은 좀 이상해요. 좋은 일이 줄줄이 일어나네요."

하고 유타가 손뼉을 치며 좋아했다. 에이코의 마음도 행복해졌다. 잠시 후 식사가 배달되었다.

"엄마는 아빠가 돌아오실 때까지 기다릴 테니까 너 먼저 어서 먹어."

"네? 무슨 일이에요? 맨날 먼저 먹었잖아요."

"오늘은 아빠랑 함께 먹고 싶어서. 아빤 밖에서 열심히 일하고 지쳐 돌아오시는데 혼자서 식은 밥을 먹으려면 쓸쓸하잖아."

"그럼 저도 아빠와 함께 먹을래요! 셋이서 함께 먹으면 더 기분 좋잖아요."

"넌 정말로 다정한 아이로구나. 아빠를 쏙 빼닮았어."

"음, 오늘은 어쩐지 이상한 날이에요. 엄만 늘 아빠가 '섬

세하지 못하다'고 불만이었는데…….'"

"그래. 엄마가 잘못 알았어. 아빠는 상냥하고 남자답고 씩씩한……남자 중의 남자야."

"공부하지 않으면 아빠 같은 일밖에 할 수 없죠?"

"미안하구나, 그것도 엄마가 틀렸어. 아빠의 일은 정말 멋져. 세상에 참 많은 도움이 된단다. 더구나 아빠가 일해 주시는 덕분에 우리가 이렇게 따뜻한 밥을 먹을 수 있으니까 아빠의 일에 감사해야지."

"엄마, 정말로 그렇게 생각해요?"

"물론이지."

에이코가 그렇게 말하자 유타는 세상에서 가장 행복한 아이처럼 활짝 웃었다.

아이들은 원래 부모를 존경하고, 부모를 본보기로 삼아 성장한다. 에이코의 말은 유타에게 '아버지를 존경해도 좋아.' 하고 허락해 주는 것이나 마찬가지였다. 유타는 그 일이 무엇보다 기쁜 듯했다.

잠시 뒤 남편이 돌아왔고, 세 사람은 차갑게 식은 쇠고기 덮밥을 맛있게 먹었다.

　자신이 돌아오기를 기다려 준 아내와 아들 덕분에 남편도 마음이 한껏 들떠 있었다.

　차가운 덮밥을 "음! 맛있군, 맛있어" 하고 말하며 달게 먹었다.

남편이 씻으러 욕실에 들어간 사이에 유타가 잠자리에 들었다. 에이코는 유타의 자는 모습을 바라보면서 마음 속으로 '고마워.'를 되뇌기 시작했다.

　그 말의 영향인지 가슴 저 밑바닥에서 감사하는 마음이 솟아났다.

　'이 아이 때문에 괴롭고 힘들다고 생각했는데 이 아이 덕분에 소중한 걸 깨달았어. 사실은 이 아이가 날 이끌어 주었는지도 몰라.'

　그렇게 생각하니 유타가 천사로 보였다. 어느 사이엔가 눈물이 흘러내렸다. 정말로 오늘은 많이 우는 날이다.

　잠시 후 전화벨이 울렸다.

나가 보니 팩스였다.

어머니의 글씨로 다음과 같은 말이 쓰여 있었다.

에이코에게

오늘 일, 아버지에게 들었어.

아버진 이야기하면서 또 우시더구나.

나도 너무 기뻐서 눈물이 났단다.

아버지는 '70년 동안 살아오면서 오늘처럼 기쁜 날은 없었다.'고

말씀하셨어.

저녁밥을 먹을 때 항상 술을 드시던 아버지가 "술에 취해서

이런 즐거움을 제대로 맛보지 못하면 너무 아쉬울 것 같구려." 하

고 말씀하시며 오늘은 술을 한 방울도 입에 대지 않으셨단다.

집엔 언제 올 거니?

그 날을 기대하고 있을게.

−엄마가

'반주를 빼놓지 않던 아버지가 술을 한 방울도 마시지 않다니…….'

내가 전한 말이 아버지의 마음을 그토록 행복하게 채워 드렸단 말인가!

지금까지 아버지가 몸이 좋지 않을 때조차 술을 입에서 떼지 않았던 건 외로웠기 때문이었구나.

에이코의 눈에서 또 다시 눈물이 흘렀다.

"무슨 일이야? 당신, 울고 있는 거야?"

욕실에서 나온 남편이 물었다.

에이코는 그날 일어난 일을 모두 이야기했다.

아침에 야구치 씨에게 전화 건 일, 오전 중에 아버지에 대한 원망과 괴로움을 종이에 휘갈겨 적은 일, 오후에 아버지에게 전화해서 화해한 일…….

"그래? 장인어른도 우셨단 말이지?"

남편도 눈물을 글썽이며 목 메인 소리로 물었다.

그리고 유타가 자신을 괴롭혔던 아이에게 사과 받은 일

을 이야기했다.

"흠, 정말 신기하고 놀라운 일이네. 야구치 씨가 무슨 생각을 하고 있는지 난 잘 모르겠지만 당신도 예전보다 훨씬 편안해진 것 같아 다행이야."

계속해서 에이코는 울면서 남편에게 사과했다.

"늘 고마워요. 당신에게는 정말로 감사하고 있어요. 오늘 새삼 당신을 존경하게 되었지 뭐예요. 여보, 지금까지 당신의 멋진 모습을 알아보지 못해서 미안해요."

에이코의 말을 듣고 남편의 눈에서도 커다란 눈물방울이 주르르 흘러내렸다.

다음날 에이코는 야구치 씨에게 전날 밤에 있었던 일을 알리고 진심으로 감사인사를 전했다.

아침 일찍 남편도 전화를 건 듯했다.

"남편 분한테도 전화를 받았습니다. 도움이 되었다니 정말 기쁘군요. 부인의 용기와 행동력이 존경스러울 따름입니다. 하지만 모든 일이 해결된 건 아니에요. 앞으로가 더욱 중요합니다. 날마다 아버지와 남편과 유타에게 마음속으로 '고맙다'는 말을 100번 이상 되뇌는 시간을 가지세요. 그리고 추천해 드리고 싶은 책이 있습니다.

나중에 몇 권 골라서 목록을 팩스로 보내드릴 테니 꼭 사서 읽어 보세요."

그날 저녁의 일이다.

"다녀왔습니다!" 씩씩한 목소리로 유타가 돌아왔다.

"엄마, 들어 보세요! 오늘요, 친구들이 같이 야구하재요! 그럼 다녀올게요!"

유타는 글러브를 가지고 신나게 뛰어나갔다.

에이코의 눈에는 또 다시 눈물이 고였다.

목이 메어 잘 다녀오라는 인사도 건네지 못했다.

···FAX···

아키야마 에이코씨

인생이라는 거울은 우리에게 중요한 사실을 깨닫게 하는군요.

용기를 내어 행동한 부인에게 경의를 표합니다.

한 가지 부탁이 있습니다.

부인의 이 같은 경험이 다른 누군가에게 도움이 될 때가

오리라 생각합니다.

그때는 꼭 부인의 경험을 들려주셨으면 합니다.

그것이 저의 바람입니다.

부인의 인생이 사랑과 감사와 기쁨으로 가득하기를!

99

당신의 인생에 행복을 불러들이기 위한
해설과 후기

인생은 자신의 마음을 비추는 거울

마지막까지 읽어 주셔서 감사합니다.

이 이야기는 편의상 등장인물의 이름이나 직업 등은 살짝 바꾸었지만 실화를 바탕으로 쓴 것입니다.

한번은 제 블로그 〈행복을 얻는 능력을 날마다 높이는 EQ 훈련〉에 이 이야기를 공개했더니 전에 없이 폭발적인 인기를 끌었고, 많은 독자들에게 메일을 받았습니다.

"오랜만에 목 놓아 울었어요."

"오랫동안 용서하지 못했던 사람을 용서할 용기가 생겼

습니다."

"가슴 밑바닥에서부터 감사하는 마음이 가득 차 올라왔답니다."

등 감동과 감사가 담긴 메시지를 받고 제 가슴이 뜨거워졌습니다.

또 이 이야기를 복사하여 제가 강의를 맡고 있는 기업 연수(EQ향상 연수) 때 수강생들에게 나눠 주었습니다.

참가자 전원에게는 연수 첫날밤에 숙제로 읽게 하고 이튿날 소감을 들었습니다.

그러자 참가자의 거의 90퍼센트가 이 기사를 읽고 '울었다.' 또는 '눈물이 핑 돌았다.' 고 대답했습니다.

이 이야기에는 우리의 마음을 깊숙이 파고드는 무언가가 있는 것이 틀림없었습니다.

저 자신도 이 이야기를 읽을 때마다 눈물이 납니다.

또 다른 사람을 함부로 심판하고 싶은 마음이 들 때 이 이야기를 떠올리면 마음이 깨끗해지는 기분이 듭니다.

여러분은 이 이야기를 읽고 무엇을 느꼈습니까?

아들의 일을 어떻게 풀어가야 할지 몰라 고민하던 에이코에게 야구치 씨는 그 문제를 해결할 간단한 법칙을 가르쳐 주었습니다.

그것은 '우리 삶에 나타나는 현실은 우리 마음속을 비추는 거울' 이라는 법칙이었습니다.

이것이 바로 '거울의 법칙' 입니다.

마음속에 불만만 품고 있으면 그 마음을 비추어내듯이 더욱 더 불만스러운 사건이 실제로 일어납니다.

반대로 언제나 감사하는 마음을 가지고 있으면 더욱 감사할 일들이 생겨납니다.

'인생은 자신의 마음을 비추어내는 거울' 이라는 말은 바꾸어 말하면 '자기 마음속의 파장에 딱 맞는 일이 일어난다' 는 뜻입니다. '마음속의 원인이 결과로 현실화된다' 고도 말할 수 있습니다.

이 법칙은 전통적인 종교나 동양철학 속에서 가르치는

내용과 일치합니다. 매우 단순한 법칙이지만 이 법칙을 알면 인생을 마음대로 조정할 수 있게 됩니다.

저는 훈련을 통해 고객들이 목표를 달성하고 자기를 실현하도록 돕고 있는데, 그런 경험을 통해 이 법칙이 모든 사람에게 예외 없이 적용되는 모습을 확인했습니다.

이 법칙을 사용한 많은 사람들이 곤란하게 생각한 현상을 깨뜨리고 바람직한 상태를 이끌어냈습니다.

거울을 보면 우리는 자신의 모습을 알 수 있지요.

이와 마찬가지로 인생에 일어나는 일을 보면 자신의 마음속을 알 수 있습니다.

이 법칙을 알았던 야구치 씨는 에이코에게 일어나고 있는 사건, 곧 '소중한 아들이 친구들에게 따돌림을 받는' 사건을 보고 '에이코가 마음속으로 누군가를 원망하고 있다.'는 사실을 눈치챘습니다.

그런데 여러분은 거울에 비친 자신의 모습이 마음에 들

지 않을 때 어떻게 합니까? 예를 들어 거울에 비친 자신을 보니 머리가 헝클어져 있다고 합시다. 그럴 때는 어떻게 하죠?

거울에 손을 뻗어 그 속의 자기 머리를 빗으려고 해 봐야 아무 소용없습니다. 여러분은 자기 자신의 머리에 손을 뻗어 머리카락을 매만질 것입니다. 이와 마찬가지로 인생의 문제를 근본적으로 해결하려면 자기 마음속의 원인을 해소할 필요가 있습니다.

자신의 마음속은 그대로 두고 상대방이나 상황이 바뀌어 주기만 기다리면 좀처럼 뜻대로 이루어지지 않습니다. 에이코의 경우 진심으로 아버지와 남편에게 사과하고 감사함으로써 현실의 고민(아들에 대한 고민)을 해결했습니다.

여기에서 '마음속을 바꿔야 한다' 는 말은 결코 '현실적인 행동을 할 필요가 없다' 는 뜻이 아닙니다.

예를 들어 자신이 누군가에게 부당한 대우를 받고 있다면 우선은 자신을 지킬 현실적인 행동이 필요하겠지요. 현실 속에서 최선을 다해 행동하면서 이와 동시에 마음속도 바꾸어 가는 일이 중요합니다.

용서로 얻는 자유

다음으로 '용서'에 대하여 생각해 봅시다.

'용서하지 못한다'는 말은 과거에 집착하여 누군가를 책망하는 마음 상태를 나타냅니다.

에이코의 경우에는 지난날 아버지의 언동에 줄곧 집착했고, 그로 인해 아버지를 마음으로 원망하고 있었습니다.

평소에는 아버지를 생각조차 하지 않았지만 가슴 속 깊은 곳에서는 계속 아버지를 질책하고 있었죠.

"용서할 수 없어!" 하고 누군가를 탓하거나 원망할 때 우리는 편안함을 느낄 수 없습니다.

몸에는 쓸데없이 힘이 들어가고 마음엔 파도가 일렁입니다. 그 상태가 지속되면 고통이 몰려오지요.

이래선 너무 괴롭습니다.

저도 그런 경험을 여러 번 해 보았습니다.

여기에서 우리는 '용서할지, 말지'를 선택할 수 있습니다. 우리는 누군가와의 관계 속에서 자신이 싫어했던 사람에 대해 '용서하지 않겠다'는 선택을 할 수도 있습니다.

그러면 우리는 자신을 과거의 사건에 옭아매어 놓게 됩니다. 지나간 일 때문에 편안하고 자유로운 삶을 포기하는 것이지요.

한편, 우리는 '용서하겠다'는 선택을 할 수도 있습니다.

용서함으로써 우리의 몸과 마음은 느긋하고 여유로워집니다.

그리고 과거의 주술에서 해방되어 안락함과 정신적인 자

유로움을 얻게 됩니다.

'용서'는 상대방의 행위를 잘했다고 인정하는 것도 아니요, 너그러운 마음으로 봐 주는 것도 아닙니다.

또 '상대방이 잘못했다.'고 생각하면서 참는 것도 아닙니다.

'용서'는 지나간 일에 대한 집착에서 벗어나 더 이상 상대방을 탓하거나 원망하지 않고 지금 이 순간의 편안함을 선택하는 것입니다.

여러분은 지금 누군가를 마음속으로 원망하고 있습니까? 그리고 여러분 자신의 행복한 삶을 위하여 그 사람을 용서하려고 생각하시나요?

용서하는 것은 다른 누구도 아닌, 여러분 자신을 위한 일이랍니다.

스스로를 용서하기

하지만 살다보면 누군가에 대하여 '도저히 용서할 수 없는' 감정을 품기도 합니다.

그럴 때는 '이런 일도 용서하지 못하다니 난 정말 못됐어.' 라든가 '난 정말 행복해질 수 없을 거야.' 하고 자책하지 말아 주십시오.

자신이 상처받았다는 사실을 이해하고 그런 자신을 우선 그대로 받아들이세요.

지금은 아직 마음의 준비가 되어 있지 않을지도 모르지

만 천천히 자신을 있는 그대로 받아들이는 연습을 합시다.

우선은 자신을 용서하는 일, 이것을 심리학에서는 '자기 수용'이라고 말합니다.

상처받은 자신을 받아들이고 누군가를 용서하지 못하는 자신을 용서하는 것입니다.

이렇게 자신을 수용하고 나면 다른 사람을 용서할 여유도 생기게 됩니다.

그런 다음 자신의 신조를 찾아보세요.

신조는 마음속 깊이 믿고 있는 '생각'을 뜻합니다.

예를 들어 다음과 같은 신조를 지니고 있으면 상대방을 용서하는 데 제동이 걸립니다.

- 용서하면 손해다.
- 내가 기분 나쁜 것은 100퍼센트 상대방의 책임이지 내 책임이 아니다.

- 나의 책임을 인정하기보다 피해자인 척 하는 편이 낫다.
- 상대방은 죄의 대가를 치러야 한다.
- 원한을 갚지 않으면 속이 풀리지 않는다.
- 나를 지키기 위해서는 용서하면 안 된다.

이밖에도 여러 가지가 있지만 '이런 신조가 자신을 행복하게 하는 신조인지 어떤지' 잘 생각해 보시기 바랍니다.

용서하기 위한 8가지 단계

자, 그러면 구체적으로 '용서하기 위한 8가지 단계'를 가르쳐 드리겠습니다. 지금껏 누군가를 용서하지 못했다면 이 단계들을 꼭 실천해 보세요. 그러면 인생을 극적으로 호전시킬 수 있습니다.

1단계: 용서할 수 없는 사람을 목록으로 작성한다

'이 사람을 용서할 수만 있다면 참 편할 텐데.', '이 사람과 진심으로 화해하고 싶어,' 하고 생각하는 사람의 이름을 종이에 적어보세요. 특히 부모님과의 관계는 중요합니다. '아버지와 어머니의 어딘가를 원망하고 있지 않은가?', '진심으로 감사하고 있는가?' 를 스스로에게 물어보세요.

그리고 뭔가 걸리는 점이 있다면 부모님의 이름도 적어주세요. 또 결혼하신 분은 배우자와의 관계도 한번 돌아보세요. 이혼하신 분은 이혼한 상대방에 대하여 '마음속으로 화해했는가?' 를 물어보세요. 이 단계는 이미 돌아가신 상대방에 대해서도 유효합니다. 여러분이 '용서할 수 없는 사람' 이라면 이 세상 사람이 아니어도 써 넣으세요. 자, 목록을 다 작성했으면 그 가운데 누구에게 '용서하기 위한 8가지 단계' 를 실천할 것인지 한 명을 결정해 주세요.

2단계 : 자신의 감정을 토해낸다

종이를 몇 장 준비해서 그 사람에 대한 자신의 감정을 모두 써 주세요. 사건을 이야기하기보다 그 사건이나 상대방에 대한 여러분의 기분을 쓰는 겁니다. 화가 치밀어 오를 때에는 "바보!"라든가 "변변치 못한 놈!"하고 욕해도 괜찮습니다.

또 자신이 맛보았던 고통이나 슬픔이 떠오르면 그런 마음도 글로 표현해 주세요. 아무튼 감정을 숨기지 말고 직접적으로 종이에 털어놓으세요. 이 종이는 상대방에게 보여 주는 것이 아니니까 거리낄 필요가 없습니다.

도중에 눈물이 나면 참지 말고 우세요.

실컷 울면 가슴이 후련해질 겁니다.

자신의 감정을 적었으면 이제 펜을 내려놓고 종이를 잘 게 찢으세요.

그리고 쓰레기통에 버리세요.

3단계 : 행위의 동기를 찾는다

① 여러분이 '용서할 수 없다'고 생각한 상대방의 행위를 종이에 써 주세요.

② 그런 다음 상대방이 그렇게 행동한 동기를 상상해서 써 보세요. 인간의 행동에는 크게 나누어 두 가지 동기가 작용합니다. '기쁨을 맛보고 싶다' 나 '고통을 피하고 싶다' 입니다. 상대방은 어떤 기쁨을 느끼고 싶어서 그런 행위를 했을까요? 또는 어떤 고통을 회피하기 위해서 그런 행위를 했을까요? 그 점을 한번 상상해 보세요.

③ 다 썼으면 상대방의 행위를 '잘못' 이라 심판하지 말고 상대방의 미숙함이나 부족함 또는 연약함으로 이해해 주세요. 우리는 가끔 잘못된 행위를 합니다. 예를 들어 기쁨을 맛보려고 한 행위가 오히려 고통을 초래하는 일이 있습니다. 또 고통을 피하려고 한 행위가 고통을 더욱 증폭시키는 일도 있습니다. 그것은 우리가 미숙하고 서툴며 연약하기 때문입니다. 그러므로 상대방의 행위를 상대방의 미숙함, 부족함, 연약함으로 이해해 주세요.

④ 그리고 상대방의 행위가 옳은지 그른지를 생각하지 말고 그 행위의 동기에 의식을 집중해 주세요. 그리고 이렇게 선언합니다.

"내가 그렇듯이 ○○ 씨도 행복하길 바랐던 거야. 내가 그렇듯이 ○○ 씨도 고통에서 벗어나고 싶었던 거야."

4단계 : 감사할 수 있는 일을 적는다

상대방에게 감사할 수 있는 일을 모두 씁니다.

아주 사소한 일이라도 좋습니다.

있는 대로 모두 적어 주세요.

시간이 걸리더라도 되도록 많이 찾아보시기 바랍니다.

5단계 : 말의 힘을 사용한다

① 먼저 "나는 나 자신의 자유와 안락과 행복을 위해서 ○○ 씨를 용서합니다." 하고 선언합니다.

② 그리고 "○○ 씨, 감사합니다." 하는 말을 되풀이하여 외칩니다. 가능한 한 입 밖으로 소리내어 말해 주세요. 자신에게만 들릴 정도로 작은 목소리라도 괜찮습니다. 이때 진심으로 상대방에게 감사하지 못하더라도 상관없습니다. 감정이 아직 '용서할 수 없는' 상태라도 일단 말부터 해 놓고 봅시다.

다시 말해 형식부터 갖추는 것이지요.

이것을 10분 이상 실행해 주세요.

10분이면 400번에서 500번 정도 외치게 됩니다.

가능한 한 30분 정도 해 보세요.

이 단계는 매우 중요합니다.

에이코에게 야구치 씨는 이 5단계를 생략하고 바로 아버지에게 전화하도록 제안했습니다. 하지만 그것은 매우 예외적인 경우입니다. 야구치 씨는 에이코의 개인적은 상황을 참고하여 이 단계를 빼 버렸지만, 일반적으로는 이 5단계를 확실하게 실천하여 '상대방에

게 감사하는 마음을 전하고 싶다.' 는 생각이 솟아났
을 때 행동으로 옮기는 편이 효과적입니다.

6단계 : 사과하고 싶은 일을 적는다

상대방에게 용서를 빌고 싶은 일을 가능한 한 많이 적습
니다.

7단계 : 배운 점을 적는다

그 사람과의 관계를 통하여 무엇을 배웠는지를 씁니다.

'그 사람을 어떻게 대했더라면 좋았을까?' 를 생각하다
보면 새삼 배우거나 깨닫는 점이 있을지도 모릅니다.

그 사람과 어떻게 지냈더라면 여러분이나 그 사람이 더
행복했을까요?

8단계 : '용서했다' 고 선언한다

"○○ 씨를 용서했습니다." 하고 선언합니다.

이상이 '용서하기 위한 8가지 단계' 입니다.

8가지 단계를 다 마쳤지만 아직 '용서할 수 없는' 기분이 남아 있어도 괜찮습니다.

이후에는 매일 5단계의 ②를 반복해 주세요.

상대방의 얼굴을 떠올리면서 "○○ 씨, 감사합니다." 라는 말을 되뇌는 겁니다.

그 일을 되도록 매일 5분 이상 해 주세요.

조만간 변화가 일어날 것입니다.

당신의 인생에
행복을 초대하기 위하여

이 단계들을 실행하는 과정에서 상대방에게 감사하는 마음이 솟아난 분은 그 감사의 마음을 말로 전달해 보면 어떨까요?

상대방에게 '사과하고 싶다' 고 생각한 분은 그런 기분이 식기 전에 재빨리 행동으로 옮겨 보세요?

에이코는 실행을 통해서 '용서할 수 없다' 는 주술에서 해방되어 자유로워졌습니다. 에이코의 용기 있는 행동이 에이코의 인생을 바꾸었듯이 여러분의 용기 있는 행동이 여러분의 인생을 반드시 바꾸어 줄 것입니다.

또 1단계에서 목록으로 작성한 '용서할 수 없는 사람' 가운데 여러분의 아버지나 어머니가 들어있다면 아버지, 어머니에게도 꼭 모든 단계를 실천해 보세요.

그러면 많은 사람들의 인생이 놀랄 만큼 호전될 것입니다.

부모와의 관계는 다양한 인간관계에 투영되므로 마음속 깊이 부모와 화해하면 생각하지도 못한 엄청난 은혜를 입게 됩니다.

또 다음과 같은 체험담도 있었습니다.

"에이코처럼 용기를 내어 부모님께 감사 인사를 전했더니 '얘가 뭘 잘못 먹었나? 이제와서 새삼스럽게 왜 그래?' 하고 거부반응을 보이지 뭐예요."

이러면 부모에게 더욱 실망할지도 모르겠습니다.

부모에게 에이코의 아버지와 같은 반응을 기대했다면 더 화가 나겠지요.

감사 인사나 사죄의 말을 건넬 때는 그에 상응하는 보상을 기대하지 않는 편이 이상적입니다.

상대방이 순순히 받아들일지 어떨지 모르지만 어쨌든 '상대방에게 전달하는 일'을 목적으로 삼는 것입니다.

전하기만 하면 그것으로 충분하다고 말이죠.

만약 거부당한다면 상대방이 그만큼 상처를 받고 있다는 뜻이겠지요.

그것이 상대방의 연약함입니다.

그리고 표면적으로는 거부했지만 상대방도 마음 어딘가에 여러분의 말을 받아들여서 뭔가를 느끼고 있을지도 모릅니다.

아무튼 행동한 자신을 한껏 칭찬해 주었으면 합니다. 그리고 용서하겠다는 선택을 한 자신을 인정해 주세요.

여러분은 용서함으로써 피해자의 입장에서 벗어나 자기 인생에 대한 책임을 자기 손으로 되돌려 놓았답니다. 이 일에 자부심을 느끼기 바랍니다.

마지막으로 야구치 씨가 한 이 말(필연의 법칙)을 마음에 새겨 두세요.

"살아가면서 닥치는 모든 문제는 뭔가 중요한 일을 깨닫게 하기 위해서 발생합니다. 그리고 자신이 해결하지 못할 문제는 절대로 일어나지 않습니다. 자신에게 일어나는 문제는 자신이 해결할 능력이 있고, 그 해결을 통해 중요한 사실을 배울 수 있기 때문에 생기는 것입니다."

여러분이 행복한 인생을 살아가는 데 이 책이 조금이나마 보탬이 된다면 더없이 기쁠 것입니다.

그리고 여러분의 주위를 행복한 사람들도 가득 채워가는 데 이 책을 이용하기를 간절히 바랍니다.

이 책으로 무언가를 깨닫고 감동했다면 꼭 그 깨달음이나 감동을 주위 사람들에게 나눠 주세요. 그 사람이 행복하게 활짝 웃는 모습을 상상하며 전하는 것이죠.

여러분의 '작은 나눔의 실천'이 누군가의 인생에 화해와
자유와 행복을 안겨 줄 것입니다.

여러분에게 멋진 만남이 물밀듯 밀려오기를!

여러분 주위에 행복의 빛이 널리 퍼지기를!

세상에 감동과 감사의 마음이 물들어 가기를!

-노구치 요시노리

거울의 법칙

2판 1쇄 2019년 11월 20일

지은이 | 노구치 요시노리
옮긴이 | 김혜숙

펴낸곳 | 나무한그루
펴낸이 | 우지형

등　록 | 제313-2004-000156호
주　소 | 서울시 마포구 독막로 10, 성지빌딩 713호
전　화 | 02-333-9028
전　송 | 02-333-9038
이메일 | namuhanguru@empal.com

ISBN　978-89-91824-62-1　02320

값 12,000원
*잘못된 책은 구입한 서점에서 바꿔드립니다.